AIX-LES-BAINS
GRANDE SOURCE
SAINT-SIMON

EAU DE TABLE & DE RÉGIME
AUTORISÉE PAR L'ÉTAT
ET APPROUVÉE PAR
L'ACADÉMIE DE MÉDECINE

Établissement Thermal

AIX-LES-BAINS

STATION balnéaire et de villégiature, ville des plaisirs artistiques, centre merveilleux de promenades innombrables, point de départ pour les grandes excursions dans les Alpes Françaises. Aix-les-Bains, justement appelée **la reine des séjours et le séjour des reines,** réunit tous les avantages et toutes les ressources ; aussi sa réputation, consacrée par les siècles, est-elle universelle.

Située au pied du *Mont-Revard* (alt. 1545m), dans une riche et verdoyante vallée, aux grandioses proportions, près du lac bleu du *Bourget*, chanté par Lamartine, à une altitude moyenne (alt. 230-260m), jouissant d'un climat sec et tempéré, la station d'Aix-les-Bains est véritablement privilégiée.

Aix-les-Bains doit, tout d'abord, sa légitime réputation et sa prospérité aux précieux avantages de ses eaux thermales et minérales.

ÉTABLISSEMENT THERMAL

≗ ≗ ≗ ≗ ≗ ≗

L'Etablissement thermal, *propriété de l'Etat français*, reste ouvert toute l'année, mais la saison commence réellement le 1er avril pour se clôre fin octobre.

Depuis bientôt un siècle que le *massage* a été importé d'Egypte à Aix-en-Savoie, par des médecins qui avaient fait parti du corps expéditionnaire de Bonaparte (1799), le *traitement thermal* a été constitué principalement par *la douche combinée au massage*.

La *Douche d'Aix* ou *Douche-Massage* est effectivement la pratique thermale essentielle, celle qui forme la base du traitement d'Aix, celle qui le différencie des autres traitements thermaux, plus ou moins similaires, caractérisés par la douche simple et le bain.

Les deux autres pratiques thermales principales sont le *Bain de vapeur*, dit *Berthollet*, et l'*Etuve générale de vapeur*, dite *Bouillon*.

Les pratiques complémentaires sont : le *Bain*, la *Piscine*, la *Pulvérisation*, le *Humage*, l'*Inhalation*, l'*Hydrothérapie*.

L'eau thermale a trois qualités principales :

Elle est chaude (47°).

Elle est sulfureuse (sulfhydriquée).

Elle est très abondante : 6.000.000 de litres ; soit, avec l'eau froide, 7,000 mètres cubes par 24 heures.

La Barégine qu'elle contient la rend onctueuse et très propre au massage.

INDICATIONS MÉDICALES

Rhumatisme chronique — Goutte articulaire chronique — Arthritisme (dermatoses arthritiques) — Suites de rhumatisme articulaire aigu — Polyarthrite déformante (rhumatisme noueux) — Névralgie : névralgie et névrite sciatique — Traitement intensif de la syphilis — Polynévrite périphérique (certaine) à la période de réparation.

INDICATIONS CHIRURGICALES

Affections Articulaires	Arthrites chroniques simples : hydartose — Arthrites chroniques sèches — Suites d'arthropathies blennorrhagiques — Synovites tendineuses chroniques.
Suites de Traumatismes récentes ou éloignées	Suites d'entorse, de luxation, fracture avec raideurs articulaires ou athrophie musculaire.

♥ ♥ ♥

LA CURE INTERNE
par les Eaux de Boisson

Plusieurs sources sont utilisées, pour l'usage interne, mais la **Source Saint-Simon** est la plus anciennement connue et la plus justement renommée.

Elle est, actuellement, la seule eau minérale de table et de régime dont l'exploitation et la vente sont autorisées par l'Etat, après avis favorable de l'Académie de Médecine (20 février 1906).

Elle est le complément **le plus précieux, le plus heureux** de la **Cure thermale d'Aix-les Bains.**

La Chambotte

⚸ AIX-LES-BAINS ⚸

La Grande Source
SAINT-SIMON

Autorisée par l'État — Approuvée par l'Académie de Médecine

Situation Géographique

La source minérale de **Saint-Simon** est située au Nord-Est d'Aix, dans un des plus jolis sites de ce riche bassin, sur la route d'Annecy, à 1.500 mètres environ des sources thermales et sur le territoire même de la commune d'Aix-les-Bains.

Historique

Avant l'annexion de la Savoie à la France, le gouvernement Sarde avait déjà, en 1830, donné l'autorisation de l'exploiter.

De remarquables études et analyses se succédèrent depuis 1838 jusqu'à aujourd'hui, établissant ses qualités extraordinaires et sa supériorité sur toutes les eaux similaires, citons :

Saint-Martin, en 1838,
Le professeur Kramer, en 1851, qui lui prédisait le plus brillant avenir,
Bonjean, de Chambéry, en 1862,
Calloud, en 1865,
Berthet, en 1865,
Billault, de Paris, en 1881,
Carnot, directeur de l'Ecoles des Mines, en 1891,
Trillat, chef des travaux de chimie biologique à l'Institut Pasteur et expert-chimiste des Tribunaux de Paris qui constatait l'analogie frappante des eaux d'Evian et de Saint-Simon, mais reconnaissait à cette dernière l'avantage d'être beaucoup plus oxygénée (1895),

Le Docteur Chaboud, en 1895, en faisait une étude remarquable, fixant ses caractères physico-chimiques et sa valeur thérapeutique.

Enfin en 1906 — 20 février — sur un rapport d'Yvon, elle était **approuvée par l'Académie de Médecine** et recevait **l'autorisation ministérielle**, par un **décret du 7 mars 1906**, signé : Dubief.

Cette source remarquable, qui a obtenu une MÉDAILLE D'OR au Congrès Hydrologique international de Biarritz (1903); un DIPLÔME D'HONNEUR au Congrès international d'Hydrologie de Grenoble (1902); une MENTION HONORABLE à l'Exposition de Turin, est destinée à prendre, **un des premiers rangs** dans l'Industrie des Eaux minérales Françaises.

La douche-massage à l'Etablissement thermal d'Aix-les-Bains

MINISTÈRE DE L'INTÉRIEUR

DIRECTION
DE L'ASSISTANCE ET DE L'HYGIÈNE PUBLIQUE

RÉPUBLIQUE FRANÇAISE

4ᵐᵉ Bureau

Hygiène Publique

Le Ministre de l'Intérieur,

Vu les rapports des Ingénieurs des Mines en date des 9 et 18 juillet 1904 ;
Vu les avis de la Commission Sanitaire et du Conseil d'Hygiène départemental, en date des 29 novembre et 23 décembre 1904 ;
Vu l'avis du Préfet de la Savoie, en date du 4 janvier 1905 ;
Vu l'Avis de l'Académie de Médecine du 20 février 1906 ;
Vu l'article premier de l'ordonnance du 18 juin 1823, la loi du 14 juillet 1856, le décret du 28 janvier 1860, l'arrêté du Chef du Pouvoir exécutif du 30 août 1871, la loi du 12 février 1833 et le décret du 5 janvier 1889 ;
Vu la proposition du Directeur de l'Assistance et de l'Hygiène publique,

ARRÊTE :

Article premier. — Sont autorisées dans les conditions de captage et d'analyse résultant des pièces susvisées, l'exploitation et la vente de l'eau minérale de la source dite **Saint-Simon**, située sur la commune d'Aix-les-Bains, canton de ce nom, arrondissement de Chambéry, département de la Savoie.

Paris, le 7 mars 1906.

Signé : DUBIEF.

Le Mont-Revard en hiver — Les hôtels.

Origine Géologique

D'après les recherches et études du très distingué Docteur Chaboud, la source **Saint-Simon** et les sources d'Evian ont la même origine et le même gisement géologique.

Ces sources proviennent des montagnes voisines, coulent sous les terrains glaciaires imperméables dans les alluvions et graviers feldspathiques et dolomitiques, auxquels elles empruntent des principes alcalins.

Mais la Source **Saint-Simon** présente sur les sources similaires une particularité intéressante. Sa température est de **cinq degrés plus élevée** que celle de ces sources, ce qui provient de la pénétration des eaux originelles à une certaine profondeur dans les couches molassiques, donnant les caractères d'une eau vraiment minérale et radio-active à composition chimique invariable.

Le Mont-Revard en hiver

Caractères Physiques et Chimiques

La Source **Saint-Simon** est une eau thermale (19° 6 au griffon). **Sa température et son débit sont constants quelle que soit la saison. Son débit atteint 200.000 litres en 24 heures.**

D'une limpidité parfaite, absolument claire, incolore sous un petit volume, elle présente sous une certaine épaisseur une légère coloration bleue teintée de vert, indice d'une pureté supérieure. Elle est légèrement onctueuse au goût, d'une saveur et d'une fraîcheur incomparables. Elle laisse dégager au griffon et presque sans interruption, en grosses bulles, une grande quantité de gaz ce qui donne à la source « **l'aspect singulier et curieux d'une ébulition continue** (Salluces) ».

L'analyse de ces gaz y a révélé la présence d'oxygène, d'azote et de gaz rares (Hélium, Argon, Néon, etc.) en corrélation directe avec la radio-activité de la source, ces gaz rares devant être considérés comme les produits de désagrégation de l'émanation (la dernière analyse de Laborde, le collaborateur de Curie, confirme cette hypothèse).

Les différentes analyses la font classer dans les eaux alcalines légères, bicarbonatées, magnésiennes, suroxygénées, radioactives.

Analyse de l'Académie de Médecine

Acide carbonique { libre	0,042
{ des bicarbonates	0,280
Carbonate de chaux	0,188
Carbonate de magnésie	0,080
Carbonate de soude	0,017
Chlorure de potassium	0,0019
Chlorure de sodium	0,0005
Oxygène en poids	0,0111
Matières organiques	traces très faibles
Alumine et fer	0,002
Silice	0,005
Sulfate de soude	0,039
Total des matières fixes par litre	0,321

Paris, le 20 février 1906.

Faculté de Médecine de Lyon

LABORATOIRE D'HYGIÈNE

Lyon, le 9 novembre 1901.

Analyse des échantillons d'eau :

I. — Analyse chimique

Eau reçue le 27 octobre 1904, dans deux bouteilles d'un litre, bouchées au liège et cachetées, recueillie sans précautions spéciales et envoyée sans réfrigération.

Couleur	Nulle
Odeur	Nulle
Saveur	Fraiche
Aspect	Limpide
Température	19°6
Chlorures (en chlorure de sodium)	0,012 millig. par litre
Azotites	0,000
Nitrates	0,000
Ammoniaque libre	0,000
Matières organiques (en oxygène)	0,001 millig. par litre
Degré hydrotimétrique { Total	17
{ Après ébulition	7

CONCLUSION : Eau très pure au point de vue chimique.

II. — Analyse Bactériologique

Eau reçue le 19 octobre, dans trois flacons d'un litre, bouchés à l'émeri, préalablement stérilisés, cachetés, le tout contenu à 0° dans un mélange réfrigérant de glace. Ci-joint le procès-verbal du commissaire de police d'Aix-les-Bains, accompagné d'un conseiller général, d'un ingénieur et du docteur Chaboud, constatant que les flacons cachetés et scellés au sceau du commissaire, qui nous sont arrivés, sont bien trois échantillons de la source Saint-Simon, prélevés le 18 octobre 1904.

A. — Analyse quantitative

Cette analyse a été faite d'après les procédés courants dans notre laboratoire, c'est-à-dire par culture de gouttes très fragmentées (1/640e de cent. cube) en tubes de bouillon et par culture de doses connues sur gélatine.

L'analyse a été poursuivie pendant 12 jours, dans des conditions satisfaisantes.

CONCLUSION : L'eau analysée est bactériologiquement très pure.

B. — Analyse qualitative

D'une façon générale, il n'a pas été reconnu dans les cultures précédentes de *microbes pathogènes*. Notons que le bacille vert de l'eau y est très rare (bien qu'existant) et que les microbes liquéfiants ont été suffisamment nombreux pour gêner les cultures sur gélatine.

Le Plateau du Revard

Nous avons procédé tout spécialement, d'après les procédés les plus récents et que nous avons nous-mêmes préconisés, à la recherche du *colibacille* et du *bacille typhique*, c'est-à-dire que nous avons utilisé la méthode de Rodet (culture à 44°5) et celle de Cambier, modifiée par nous (filtration de 2 litres 3/4 sur bougie Chamberland, reprise de l'enduit de la bougie, ensemencement en bougie Cambier, plongeant en milieu Cambier et recherche des bacilles qui ont pu traverser la bougie dans les 48 heures, qu'on détermine ensuite par les procédés classiques).

Ces deux procédés ne nous ont donné que des résultats négatifs, c'est-à-dire que l'eau ne contenait ni coli-bacille, ni bacille d'Eberth.

CONCLUSION : L'eau envoyée ne contenait ni bacille des matières fécales, ni bacille de la fièvre typhoïde, ni aucune autre espèce pathogène pour l'homme décelable par les méthodes habituelles.

III. — Conclusions Générales

L'eau de la source **Saint-Simon** doit être classée dans les **eaux très pure**, tant au point de vue chimique qu'au point de vue bactériologique.

Lyon, 9 novembre 1904.

Dr J. COURMONT,
Professeur d'Hygiène
à la Faculté de Médecine
de Lyon

Dr CH. LESIEUR,
Chef des Travaux d'Hygiène
à la Faculté de Médecine
de Lyon

Constatations du 1ᵉʳ septembre 1906

Source à Saint-Simon

Pression barométrique	765 (alt. 270)
Température de l'air	20° 5
Température de l'eau	19° 6
Débit par seconde	2 l. 133
Débit par minute	128 l.
Débit par heure	7680 l.

J. GODDARD,
Ingénieur des Mines

Analyse de la Source de Saint-Simon
au point de vue de la radio-activité

J'ai été chargé de faire à Aix-les-Bains l'analyse de la **Source Saint-Simon**, *au point de vue de la radioactivité*.

J'ai recherché dans l'eau de cette source l'émanation du radium.

Pour extraire, de l'eau, l'émanation radio-active qu'elle renferme en dissolution, j'ai agité un volume connu d'eau avec un volume égal d'air exempt d'émanation.

Cet air empruntait à l'eau une partie de son émanation suivant les lois qui régissent la solubilité de l'émanation du radium dans l'eau. L'émanation ainsi recueillie a été étudiée au point de vue radioactif à l'aide des appareils portatifs système Curie (Modèle Chéneveau et Laborde).

J'ai ainsi reconnu que l'eau de Saint-Simon est radioactive et que cette radioactivité est due à l'émanation du radium dissoute dans l'eau.

L'appareil dont je me suis servi étant étalonné par rapport à l'émanation du radium, j'ai pu effectuer des mesures quantitatives. J'ai admis, d'après les expériences de Traubenberg, Mache, Hofmann, que la solubilité de l'émanation était de 0,38.

J'ai effectué le dosage à deux reprises différentes, utilisant pour la mesure, une quantité d'eau égale: la première fois à 300cc, la seconde fois à 1000cc. Les résultats fournis par l'une et l'autre expérience sont tout à fait concordants.

Il en résulte que 10 litres d'eau de Saint-Simon renferment, à la source, 0,16 milligrammes-minutes d'émanation de bromure de radium, c'est-à-dire la quantité d'émanation que peut produire 1 milligramme de bromure de radium pur en 0,16 minutes (soit en 9,6 secondes).

Ce nombre comparé aux nombres précédemment publiés par **Pierre Curie** *et par moi-même* **permet de classer l'eau de Saint-Simon, en son rang, parmi les eaux radioactives françaises.**

Aix-les-Bains, le 20 août 1909.

A. LABORDE,
Ingénieur-Physicien
de l'Ecole de physique et de chimie de la Ville de Paris,
Licencié ès-science.

Analyse des gaz
qui se dégagent spontanément à la Source de Saint-Simon

Un litre environ des gaz recueillis au griffon de la source se sont montrés radioactifs. Mesurée par la méthode indiquée ci-dessus, la radioactivité de ces gaz est telle que :

10 litres des gaz de la source de Saint-Simon renferment à la source 0,39 milligrammes-minutes d'émanation de bromure de radium.

Aix-les-Bains, le 20 août 1909.

A. LABORDE.

Interprétation des analyses

Le résultat de ces analyses fait ressortir les qualités minérales de l'eau de **Saint-Simon** et combien surtout elle est plus riche en oxygène et en azote que la plupart des meilleures eaux de source. Cette minéralisation gazeuse révélée déjà par les analyses chimiques et les constatations cliniques ne tient pas seulement à la présence de l'oxygène et de l'azote, elle se rattache aussi comme nous l'avons déjà dit a la présence des gaz rares signalés par l'analyse de Laborde (20 août 1909).

Le Plateau du Revard en hiver — Skieurs

Effets physiologiques

Ses effets physiologiques et les indications thérapeutiques qui en découlent, ressortissant des qualités supérieures démontrées par les différentes analyses, avaient été, il y a plus de cinquante ans, remarquées par le plus grand génie médical du siècle dernier, par Trousseau, qui conseillait à ses malades riches l'usage de l'**eau de Saint-Simon** en boisson et même en bains.

Sa légèreté, sa parfaite digestibilité en font une eau Diurétique par excellence.

C'est par la dépuration urinaire que l'**eau de Saint-Simon** débarrasse l'organisme des surchages qui l'encombraient et des intoxications endogènes ou exogènes qui l'altèrent et peu à peu le détruisent.

Pouvant être bue en très grande quantité (15 ou 20 verres par jour — Vidal) sans aucun danger pour l'organisme, absorbée aussitôt par les voies digestives, on constate deux heures après son absorption, une élimination d'urine de densité faible, égale ou même supérieure en volume à la quantité d'eau ingérée. **Elle établit donc un courant de lavage considérable.**

C'est donc par des qualités Dialytyques et Éliminatrices qu'elle marque son action, débarrassant le sang et le milieu humoral des poisons qui les encombrent en assurant le lavage du foie et des voies urinaires. Mais en raison de sa Suroxygénation et de sa Radio-Activité, on peut dire d'elle, qu'elle agit comme modificatrice en restituant aux tissus fatigués, aux organes glandulaires, la vitalité qui leur fait, à un moment donné défaut, en relevant, en un mot, la nutrition générale.

Indications Thérapeutiques

D'après ce court exposé des effets physiologiques, l'usage de **l'eau de Saint-Simon** doit être prescrit dans tous les cas ou il est nécessaire, par une dépuration urinaire, de débarrasser l'organisme des déchets de combustion incomplète qui le surchargent et des intoxications qui en dérivent.

1º Toutes les affections rangées par Bouchard dans les maladies par ralentissement de la nutrition, et par Glenard dans le petit hépatisme.

Le lac du Bourget et la Dent-du-Chat

(a) Le Rhumatisme sous toutes ses formes.

(b) La Goutte aigue et chronique.

(c) Le Diabète.

(d) La Migraine et la Neurasthénie, qui sont souvent le résultat d'une intoxication d'origine digestive et qui toujours réclament un traitement dépurateur.

(e) L'Artério-Sclérose, qui n'est, le plus souvent, que le résultat d'une intoxication par défaut d'alimentation.

2º Toutes les affections du tube digestif.

(a) Les différentes Dyspepsies, surtout la nervo-motrice ou hyperchlorhydrique, ou hypersthénique.

(b) Les Entérites Chroniques et surtout l'Entéro-Névrose ou Entéro-Colite Muco-Membraneuse, si fréquente actuellement.

(c) Les Différentes Maladies du Foie, les Angio-Cholites, certaines variétés de Cirrhose-Biliaire. Dans ces affections, l'intoxication de l'organisme est très souvent profonde en raison de l'insuffisance hépatique et du défaut de fonctionnement du filtre rénal.

3º Toutes les AFFECTIONS DES REINS et des VOIES URINAIRES qui nécessitent le rétablissement de la perméabilité rénale et le lavage des reins, des urètères, de la vessie et de l'urètre.

(a) L'ALBUMINURIE, les DIFFÉRENTES LITHIASES RÉNALES, URIQUES, PHOSPHATIQUES, OXALIQUES.

(b) Les AFFECTIONS SUPPURATIVES : pyélites et pyélo-néphrites-uréthro-prostatites.

Mode d'Administration et Doses

L'eau de **Saint-Simon** ne s'emploie jusqu'à présent qu'en boisson. Mais d'après les premiers cliniciens qui l'ont étudiée, elle pourrait rendre de grands services en traitement externe, sous forme de bains en douches sédatives.

Doses :

La dose varie de *2 à 15* VERRES PAR JOUR, — une dose de *20* VERRES par 24 heures a pu être supportée pendant 15 jours, sans fatigue. — (Une DOSE DE *8* VERRES dans une heure a été parfaitement tolérée par le docteur Vidal. (Loc. cit).

La dose la plus indiquée est : 2 verres le matin, 2 verres l'après-midi et 2 verres au repas.

Il est bon de débuter par petites doses ; de prendre la plus grande partie de l'eau prescrite, *le matin* ; de n'augmenter les doses qu'après s'être assuré que l'eau ingérée s'élimine surtout par la voie rénale. Il est bon de s'assurer si *l'effet diurétique est marqué.*

Il est à remarquer que l'effet DIURÉTIQUE n'est bien accusé qu'avec une dose d'au moins *800 grammes.*

L'Eau de Saint-Simon se conserve parfaitement et indéfiniment en bouteilles, sans perdre aucune de ses qualités.

Abbaye d'Hautecombe

EAU DE SAINT-SIMON
auxiliaire indispensable
de la Cure thermale d'Aix-les-Bains

Tout le corps médical d'Aix, depuis un demi-siècle, l'emploie comme un *adjuvant précieux de la cure thermale :*

Pour utiliser son action (hyposthénisante) SÉDATIVE sur la circulation (docteur Vidal, docteur Despine, docteur Legrand);

Pour CALMER L'ÉRÉTHISME VASCULAIRE consécutif à une médication hydrothermale trop énergique ;

Pour rétablir, ramener à l'état normal les sécrétions muqueuses troublées par une trop grande exaltation des fonctions de la peau (Vidal) ;

Pour combattre l'état SABURRAL ET GASTRIQUE consécutif aux sudations prolongées ;

POUR RÉGULARISER LES SELLES et supprimer certaines ASTHÉNIES INTESTINALES POST-THERMALES ;

Pour remplacer par une Dérivation nouvelle la dérivation cutanée épuisée ;

Pour compléter l'Élimination urique, l'Élimination des Déchets, des Toxiques organiques, d'une Nutrition ralentie ou d'un Fonctionnement rénal défectueux ;

Pour laver l'Organisme, le Désulfurer ;

Pour parachever enfin l'œuvre suprême des cures thermales : la Rénovation, le Remontement général de l'Organisme.

Manutention de la Source Saint-Simon

Il importait de conserver à l'eau de la **source Saint-Simon** la pureté bactériologique et la limpidité qui, en dehors de ses vertus thérapeutiques, en ont fait l'**eau de table idéale**. Aussi l'embouteillage de cette source est-il dirigé de la façon la plus minutieuse pour assurer à l'eau toute sa pureté et sa parfaite conservation.

Le rinçage des bouteilles comprend **cinq opérations** :

1º **Un bain de soude** destiné à débarrasser les bouteilles des fumées et impuretés diverses provenant de la verrerie ;

2º **Un bain acidulé** qui a pour objet de détruire toutes les poussières organiques et d'aseptiser les bouteilles ;

3º **Rinçage extérieur** ;

4º **Rinçage intérieur** mécanique par des brosses en maillechort tournant à la vitesse de 300 tours à la minute ;

5º **Dernier rinçage intérieur** à l'eau de la source **sous forte pression** ; c'est l'expulsion des dernières impuretés atomiques possibles.

Il n'est fait usage que de verres neufs.

Le liège est une substance à peu près instérilisable, et le contact des germes qu'il contient avec l'eau amène trop souvent l'altération de cette dernière ; c'est pourquoi, à la **source Saint-Simon** les bouchons sont remplacés avantageusement par des capsules métalliques qui ne mettent au contact de l'eau qu'une **pellicule d'aluminium, préalablement aseptisée.** C'est ainsi le seul moyen d'obtenir un bouchage inaltérable.

Chaque bouteille est soigneusement vérifiée avant d'être livrée à la consommation. On peut voir, par là, que le rinçage et l'embouteillage, rigoureusement aseptiques, sont assurés conformément aux prescriptions de l'Académie de Médecine et du comité consultatif d'hygiène publique.

La manutention des eaux de Saint-Simon fait l'admiration de tous les visiteurs.

L'eau de la **source Saint-Simon** est en vente chez les Pharmaciens et Marchands d'eaux minérales du monde entier, en bouteilles, demies et quarts de bouteilles, ainsi que dans tous les bons hôtels et restaurants.

Pour éviter toutes contrefaçons, vérifier soigneusement l'étiquette et exiger la capsule portant en relief: **Aix-les-Bains Grande Source Saint-Simon.**

PRINCIPAUX DÉPOTS
de la Source SAINT-SIMON

Paris : FOUCAULT, 7, rue Curial;
PINON, 167, boulevard Saint-Germain.

Nice : TOURNAIRE, 60, rue Gioffredo;
MIMIAGUE, AUDA et GIAUME, 26, rue Masséna;
ROSTAGNI, 2, boulevard du Pont-Vieux.

Monaco : MULLER, LAUCK et BARRAL, 3, boulevard de l'Ouest.

Le Hâvre : SONGEUX, 83, rue Victor-Hugo.

Marseille : PLANCHE, 1, boulevard de la Madeleine.
POUYET, 30, boulevard des Dames.

Cannes : Pharmacie ANTONY.

Bordeaux : De FAYOLLE, 69, cours Balguerie.

AIX-LES-BAINS

Société des Eaux Minérales d'Aix-les-Bains, SOURCE SAINT-SIMON

20 fr. la caisse de 50 bouteilles (prise à la source)

Manufacture de La Source, le Saint-Simon

Hôtels Recommandés

SPLENDIDE-HOTEL-EXCELSIOR

La plus belle situation

Dernier Confort

Grands jardins ombragés

ROSSIGNOLI, directeur.

AIX-LES-BAINS

HOTEL DE GENÈVE

Position très centrale - Arrangements avantageux pour familles
Électricité - Omnibus - Correspondant du T.-C.-F.

Joseph SECRET, propr.

Grand Hôtel de l'Etablissement Thermal

Communiquant aux Bains

ET

Grand Hôtel des Bergues et New-York

Avenue de la Gare (en face les deux Casinos)

L. GARCIN, propr.

AIX-LES-BAINS

HOTEL MIRABEAU

Tout premier ordre – 250 chambres – Ouverture 1er Juin

Robert TRAMU, directeur

Hôtels Recommandés

Aix-les-Bains
GRAND HOTEL D'AIX
GRAND HOTEL

In close proximity to the BATHS and CASINOS
GUIBERT FRÈRES et GAUDIN, proprietors
Telegraphic Adress : « GRANOTEL Aix-les-Bains »

AIX-LES-BAINS
Grand HOTEL METROPOLE

1er ordre - A côté du Grand Cercle et de l'Etablissement thermal, Ascenseur, Electricité, Téléphone, Salles de bains, 110 chambres, Salons et appartements pour familles, Grand confort, Splendide vue du lac et des montagnes. François SECRET, prop.

AIX-LES-BAINS
§ GRAND HOTEL D'ALBION §
1er ordre

Dans les Jardins de l'Hôtel : LAWN-TENNIS, MOTO-GARAGE, Service d'AUTOMOBILE pour la GARE, les CASINOS et l'ETABLISSEMENT THERMAL

H. MERMOZ, PROPRIÉTAIRE

AIX-LES-BAINS (SAVOIE) o Grand Hôtel Bristol et Venat

Près de l'Etablissement Thermal et des Cercles -:- Grand Parc

Appartements avec Cabinets de Toilette — Salles de Bains — Lumière électrique — Ascenseur — Grandes Terrasses — Garage gratuit pour Automobiles — Ouvert du 1er avril à fin octobre

F. DESSUET, propr.

Hôtels Recommandés

Regina
Hôtel Bernascon
et Villa Bernascon

Tout premier ordre -::- Dernier luxe et confort

250 CHAMBRES — 60 SALLES DE BAINS

GRANDES TERRASSES ET JARDINS OMBRAGÉS

Panorama incomparable

GARAGE   OUVERT TOUTE L'ANNÉE

J.-M. BERNASCON, PROPRIÉTAIRE   Téléphone 0-30

Hôtel de Paris   Aix-les-Bains

Près de l'Établissement thermal et des Casinos

Jardin «» Maison de Familles «» Prix Modérés

Autobus à tous les trains

CROIZÉ-FLICHER, propr.

Hôtel Mercédès   2me ORDRE

Situé au milieu de l'ancienne propriété RATAZZI

Confort Moderne — Appartements avec Salle de bain

SERVICE AUTOMOBILE PRIVÉ

pour la Gare, les Casinos et l'Établissement thermal

MERMOZ, PROPRIÉTAIRE

Aix-les-Bains ❦ Grand-Port

Hôtel-Restaurant

Bords du Lac ♣ Beau-Rivage

CAVE ET CUISINE RENOMMÉES

SOUPERS

Thé-Concert — Jeux divers pour Enfants

Garage pour Automobiles - Etablissement de Bains froids

L. Ambrino, propr.   Téléphone 1-59

Imprimé par A. GÉRENTE

rue de Genève et rue Lamartine

Aix-les-Bains

La Source St-Simon

**EAU DE TABLE IDÉALE
DES ESTOMACS DÉLICATS
═══ EAU DE RÉGIME ═══
DES ARTERIOSCLEREUX**

est l'adjuvant le plus précieux de la cure thermale d'Aix-les-Bains

La radioactivité naturelle très élevée de la Source St-Simon et la richesse des gaz radioactifs qu'elle dégage au griffon, sous le curieux aspect d'une ébullition continuelle, donnent l'explication des effets thérapeutiques si rapides obtenus par son emploi.

www.ingramcontent.com/pod-product-compliance
Lightning Source LLC
Chambersburg PA
CBHW060638050426
42451CB00012B/2667